Kölsche Sushis

Die Autoren

HENNING KRAUTMACHER

ist im „bürgerlichen Leben“ Musiker und Sänger der Kölner Musikgruppe „HÖHNER“ und lebt in Stommeln bei Köln. Die Kochleidenschaft des 1957 in Schlebusch Geborenen ereilte ihn bereits als kleiner Junge – wen wundert's – war sein Vater doch gelernter Bäcker, Konditor und Koch und seine Mutter die Tochter eines Müllers mit eigener Mühle und Backstube.

Nach den Kochbüchern „Kölsch für ze müffele“,“ Hennings Suppen“ und „Kölsche Tapas“ (gemeinsam mit Gabriella Christ) ist das kulinarische Nachschlagewerk „Kölsche Sushis“ nun die vierte – nicht aber die letzte Buchveröffentlichung des Autors, wie er selber sagt.

Weitere Informationen zur Person gibt es auf seiner Homepage unter **www.henning-krautmacher.de**

Henning Krautmacher & Gabriella Christ

Kölsche Sushis

Köstliche Kleinigkeiten: Fleisch, Fisch, Gemüse und Süßes nach „Kölscher Art“

Herausgegeben von Ernst Lüttgau

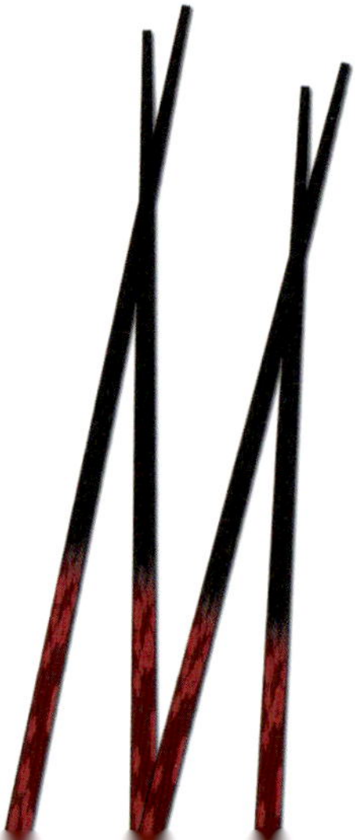

GABRIELLA CHRIST

Mutter von drei Töchtern und 1958 in Köln geboren, lebt seit einigen Jahren auf dem Kölner Land, in Stommeln. Henning Krautmacher und sie sind nicht nur unmittelbare Nachbarn, sondern die Familien sind auch miteinander befreundet.

Namhaften Köchen in ganz Deutschland verdankt Gabriella Christ ihr fundiertes Koch-Wissen und ihre Küchentricks. Darüber hinaus hat sie ein großartiges Talent: Zubereitungsgeschick. Im zivilen Leben betreibt sie Coaching für Styling und psychologische Beratung.

Nach dem sehr erfolgreichen, gemeinsam mit Henning Krautmacher geschaffenen Kochbuch „Kölsche Tapas“ war klar, dass die Zusammenarbeit fortgeführt wird. Gabriella Christ nennt es „Leidenschaft für Lebensmittel!“ Weitere Informationen: **www.gabriella-christ.de**

In eigener Sache:

Schluss mit der Annahme, dass Sushi immer gleichbedeutend mit der Verwendung von rohem Fisch und Seetang-Blättern zu sehen ist! Dieses kleine Kochbuch mit Sushi-Rezeptvorschlägen auf kölsche Art soll zeigen, dass es auch anders geht. Ob als „Kleinigkeit für zwischendurch" oder als facettenreiche, vielfältige und nahrhafte Hauptspeise und sogar als Nachspeise: Sushis – oder besser „Kölsche Sushis" – treten in diesem Nachschlagewerk den Wettkampf mit manch anderen rheinischen Köstlichkeiten an und wollen nahtlos anknüpfen an die Beliebtheit der „kölschen Kleinigkeiten" aus dem zuvor erschienenen Buch „Kölsche Tapas".

Für „Kölsche Sushis“ benötigt man keine besonderen Fertigkeiten, außer der Liebe zur Finesse – oder zum raffiniert Außergewöhnlichen. Zugegeben: Um originale Sushis herzustellen, empfiehlt es sich durchaus einen entsprechenden Sushi-Kurs zu besuchen. Mit „TV-Koch Jerry“ von „Asia-Food-Cooking“ in Köln hatten wir einen erstklassigen Berater. Mit großem Interesse und mit ebenso viel Spaß verfolgte der Sushi-Profi die Entwicklung, wie aus klassischen asiatischen Rezepten neue, vom kölschen Küchenbrauchtum beeinflusste Versionen entstanden. Bei allem „know-how“, das Jerry mitbrachte, war es am Ende aber doch so, dass selbst er, der Meister, anerkennend erklärte, dass die „kölschen Sushis“ sein Rezepte-Repertoire noch um einiges erweitern konnten.

Drei Dinge waren uns wichtig:

1. **Die Kunst und die Tradition, Sushis zuzubereiten, ernst zu nehmen,**
2. **mit der offenbar landläufigen Meinung, Sushi sei immer nur roher Fisch, endlich „aufzuräumen“ und**
3. **uns einmal mehr „multikulinarisch“ zu öffnen.**

Die ursprüngliche Idee, durch die die heute noch bestehenden Rezepte entstanden sind, war nämlich lediglich: Fleischlose Kost anzubieten. Sushi ist deshalb aber nicht zwangsläufig Fisch oder gar roher Fisch! Sushi ist vielmehr vitaminreiche Küchenvielfalt mit viel frischem Gemüse und manchmal auch mit Fisch, formvollendet und optisch ansprechend zubereitet und serviert. Mit verschiedenen Gewürzen und herzhaften bis süßen Soßen sowie raffiniert mariniertem Ingwer individuell dosiert, findet sich bei der Vielzahl unterschiedlicher Sushis sicherlich das Passende für jeden Geschmack. Wichtiger Bestandteil ist dabei in den meisten Fällen der Sushi-Kreationen: Reis, der Namensgeber der unterschiedlichen Leckerbissen. Sushi bedeutet nämlich in der Übersetzung: „gewürzter Reis“ oder „Würz-Reis“ (im Buch zu finden unter der Rubrik Grundrezepte).

Es gibt keinerlei Vorschriften darüber, mit welchen Köstlichkeiten eben dieser Würz-Reis kombiniert werden darf – und genau da setzen wir an: Einmal mehr haben wir uns mit der vorliegenden Sammlung neuer Rezept-Kreationen zur Aufgabe gemacht, regionale Spezialitäten, kölsche Kochkenntnisse und Essgewohnheiten und typisch kölsch-kulinarische Spezialitäten, diesmal mit denen der asiatischen Sushi-Tradition zu vermischen, zu verbinden – ja vielleicht sogar zu „kreuzen". Wir haben uns also „geöffnet für den global-kulinarischen Austausch".

Dabei haben wir uns „erlaubt, was Spaß macht" und „zugelassen, was machbar" war. Hauptsache es schmeckt, und es macht Lust auf mehr. Und wenn man eben so denkt, dann stellt man fest, dass – insbesondere wenn es um Kölsche Spezialitäten geht – auch Fleisch dazu gehört.

Eine schöne Aufgabe war es dann schließlich, den „kölschen Sushi-Babys" auch „echt kölsche" Namen zu geben. Es galt einmal mehr, eindeutige, einleuchtende Begriffe „op Kölsch" für die unterschiedlichen Sushis zu finden - und darüber hinaus auch die treffenden Worte, als Übersetzung vom Japanischen ins Kölsche, für die Oberbegriffe der Sushi-Arten.

Da wurden aus **MAKI-ZUSHI** (gerollte Sushi) **„Maachich-Sushi"** aus **NIGIRI-ZUSHI** (handgeformten Sushi) wurden **„Hängche- und Dömche-Sushi"** aus **GUNKAN-ZUSHI** (kleinen Schiffchen) machten wir **„Sushi-Böötche"** und aus **TEMAKI-ZUSHI** wurden schlichte **„Tütche"**.

Kenner der herkömmlichen Sushi-Küche wissen natürlich, dass „Wasabi", die Würzpaste, die die Japaner aus einem speziellen Wassermeerrettich herstellen, grün ist. Im vorliegenden Kochbuch empfehlen wir jedoch, unserer Rezeptfindung „Wasabi-Colonia" – kurz „Wasabico" zu folgen.

Wasabico ist rot – und eine Eigenkreation aus unserer kölschen Küche, siehe Grundrezept S. 191 oder erhältlich in der Historischen Senfmühle (Holzmarkt 79-83, 50676 Köln).

Auch vor der Erfindung einer „eigenen" Soja-Soßen-Mischung haben wir nicht Halt gemacht. Die neue Rezeptur beinhaltet neben verschiedenen Gewürzen auch Kölner Senf und das flüssige Kölner Gold: Kölsch! Der Name der Soße: „Kölscher Würzemich", siehe Grundrezept S. 190.

Dass der Dom beim kulinarischen Brückenschlag von Köln nach Kawasaki auch eine Rolle spielt, versteht sich ebenso von selbst wie die Tatsache, dass der FC nicht außer Acht gelassen wird.

Um die „kölsche Dreifaltigkeit" komplett zu machen, war es uns abschließend noch eine Ehre, je ein Sushi für die Mitglieder gewesener und zukünftiger Kölner Dreigestirne zu kreieren. Irgendwie macht das die Sache rund: Dom, FC und Dreigestirn ...

das Leben kann „Su Shi" sein ....

Viel Spaß beim Weiterlesen und Nachmachen der Rezepte!

Gabriella Christ

Henning Krautmacher

Inhalt

MAACHICH

WÄRME MAACHICH

HÄNGCHER UN DÖMCHER

Inhalt

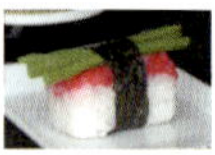

TÜTCHER

BÖÖTCHER

Inhalt

GRUNDREZEPTE

GEKKEIKAN
GEKKEIKAN
月桂冠

MAKI

Bedeutet „Gerolltes“ – aber es muss nicht immer Seetang sein (Noriblätter).

MAACHICH

Botteramme Maachich

Botteramme

Ausgerolltes Butterbrot mit klassischen Brotaufstriche

Zutaten für 12 Stück:

Besonders eignen sich Brote in Kastenformen aus Roggen- und Sauerteig, aber auch Weißbrot und Toast.

Butter
feine Kölner Leberwurst
Fleischwurst
Frischkäse
junger Gouda
Zwiebeln
eingelegte Gürkchen

Zubereitung für 1 Rolle:

Von 2 Scheiben Brot die Kruste abschneiden. Die Brotscheiben 1 cm überlappend, hintereinander auf ein Brett legen und mit dem Nudelholz ausrollen. (Dabei verbinden sich die beiden Abschnitte.)

Mit Butter bestreichen und wahlweise mit: Leberwurst, Schinken, Fleischwurst und weiteren Brotaufstrichen je nach Belieben belegen.

Maachich

ie Leberwurst, Schinken, Käse, ...

Zu einer Schnecke aufrollen, in gleich große Stücke teilen und mit klein geschnittenen Zwiebeln und Gürkchen garnieren.

Fesch

un Jemös Maachich

Fesch un Jemös

Gerollte Pfannkuchen

Zutaten für 9 Stück:

3 Pfannkuchen (siehe Grundrezept S. 186)

Für die Gemüsefüllung:

Brokkoli (frisch oder gefroren)
oder Blumenkohl
oder Rosenkohl
oder Paprika
oder Leipziger Allerlei
Butter
Mehl
Milch
Salz und Pfeffer

Für die Fischfüllung:

(siehe Rezept auf S. 160)

Zubereitung Jemös-Maachich:

Brokkoli (ca. 250 g) waschen und in kleine Röschen schneiden. Ein paar größere Röschen werden später zum Garnieren benötigt. Kleine und größere Brokkoli-Abschnitte im kochenden Salzwasser ca. 10 Min. „al dente" blanchieren. In einer Pfanne ca. 20 g Butter auslassen und 3 gehäufte EL Mehl in die flüssige Butter geben. Mit einem Schneebesen unter Zugabe von 200 ml Milch zu einer hellen Béchamelsauce verrühren. Abschließend mit Salz und Pfeffer abschmecken. Die kleinen Brokkolistückchen in die helle Sauce geben und vorsichtig unterheben. Nun die

Maachich

ıit Fisch oder Gemüse.

Gemüsemasse auf die Pfannkuchen streichen und einrollen. Drei gleich große Stücke schneiden (ggf. mit einem Zahnstocher fixieren) und die Anschnitte mit den restlichen (größeren) Gemüsestücken garnieren. Diese Zubereitung gilt auch für die anderen genannten Gemüsearten.

Zubereitung Fesch-Maachich:
Fischbolognese zubereiten (siehe Rezept auf S. 160) und genauso wie die Gemüsemasse auf die Pfannkuchen geben, einrollen und portionieren.

Es empfiehlt sich, immer ein Jemös-Maachich zusammen mit einem Fesch-Maachich zu servieren.

Kölsche

Kaviar Maachich

Kölsche Kaviar

Mit Blutwurst gefülltes „Inside/Outside"-Sus

Zutaten:

„Kölscher Sushireis"
(siehe Grundrezept
S. 180)
Blutwurst
„Wasabico"
(s. Grundrezept S. 191)
oder
Kölner Senf
Noriblatt
„Kölscher Würzemich"
(s. Grundrezept S. 190)

Zubereitung:

Noriblatt auf eine Bambusmatte legen, den Sushireis ca. 1/2 cm auslegen (Ränder oben und unten frei lassen). Den Reis mit einer Bambusmatte abdecken und dann das Ganze einmal herumdrehen und danach die obere Bambusmatte wegnehmen, sodass das Noriblatt oben liegt. Darauf die vorher gebratene Blutwurst legen, hier kann entweder „Wasabico" oder auch Kölner Senf eingebracht werden ...

Maachich

nnen/Außen"-Maki).

Nun mit Hilfe der Bambusmatte zu einer Sushirolle wickeln und mit einem schrägen Anschnitt versehen.

Dazu reicht man „Kölscher Würzemich".

Buure Maachich

Buure Maachich

Ein Maki aus japanischem Omelett

Zutaten für ca. 12 Stück (3 große Rollen):

1 Wirsing
3 japanische Omelette
2 Tassen Graupen
1 Möhre
1/2 Tasse weiße Bohnen
Essig, Zucker u. Salz
„Kölscher Würzemich" (siehe Grundrezept S. 190)

Zubereitung:

Wirsing blanchieren und kalt abspülen (damit er die Farbe behält). Graupen und Bohnen nach Packungsanleitung kochen und abkühlen lassen. Möhre(n) in einem Sud von Wasser, etwas Essig, Zucker und Salz bissfest garen. Abkühlen lassen.

Auf einer Bambusmatte zuerst das Omelett, dann den Wirsing auslegen. Nun mit Graupen belegen (oberen und unteren Rand freilassen)

…füllt mit Gerste, Spitzkohl und Möhren.

und mittig einen Streifen von Bohnen und Möhren legen. (Je nach Geschmack auch noch „Wasabico“ einbringen.)

Dann alles vorsichtig mit Hilfe der Bambusmatte aufrollen und in gleich große Stücke schneiden.

Dazu reicht man „Kölscher Würzemich“.

Hirse, Wirsing, Linse

- dat sin se

Hirse, Wirsing, Linse

Mit scharfer Hirse und Linse

Zutaten für ca. 12 Stück (2 große Rollen):

1 Chinakohl
2 Tassen Hirse
1/2 Tasse Linsen
Tomatenmark
1-2 Chili
Mayonnaise
Sojasprossen
Salz
„Kölscher Würzemich“ (siehe Grundrezept S. 190)

Zubereitung:

Chinakohl entblättern und in Salzwasser blanchieren, anschließend kalt abspülen. Die Hirse nach Packungsanleitung kochen, mit Tomatenmark, Chili, Salz würzen und abkühlen lassen. Linsen ebenfalls nach Anleitung kochen und anschließend abkühlen lassen.

Die Kohlblätter auf einer Bambusmatte auslegen. Dann eine Schicht Hirse auflegen, jeweils die Rän-

- dat sin se

efülltes Wirsing-Maki auf Sojasprossen.

der (oben und unten) frei lassen. In der Mitte einen Streifen Mayonnaise und eine Linie Linsen auflegen. Dann alles vorsichtig mit Hilfe der Matte aufrollen. Nun mit einem sehr scharfen Messer in 4-6 gleich große Stücke schneiden.

Dazu reicht man „Kölscher Würzemich".

Currywoosch Maachich

Currywoosch Maachick

Ein mit Currywurst gefülltes „Inside/Outside"-Maki.

Zutaten:

1 gebratene Currywurst (Weisswurst)
„Kölscher Sushireis"
(siehe Grundrezept S. 180)
Noriblatt
Seegrassalat (gibt es im Fischhandel fertig)
„Wasabico"
(s. Grundrezept S. 191)
Currypulver
Ketchup

Zubereitung:

Noriblatt auf eine Bambusmatte legen, den Sushireis ca. 1/2 cm auslegen (Ränder oben und unten frei lassen). Den Reis mit einer Bambusmatte abdecken und dann das Ganze einmal herumdrehen und danach die obere Bambusmatte wegnehmen, sodass das Noriblatt oben liegt. Darauf die vorher gebratene Currywurst (halbiert) legen und zwar die Hälften entgegengesetzt wieder zusammenlegen (siehe Abbildung). Mit Currypulver und

Ketchup würzen. Nun mit Hilfe der Bambusmatte zu einer Sushirolle wickeln und in 4-5 gleich große Stücke schneiden.

Diese Sushiart nennt man auch Inside/Outside oder Californiarolls. Man kann die dann fertig geschnittenen Sushis „panieren", mit klein geschnittenem Schnittlauch, Sesam, Gewürzen, geraspelten Möhren und vielem mehr.

Panne-Banane

Maachich

Panne-Banane

Pfannkuchen-Maki gefüllt mit Vanillecrem

Zutaten für 6 Stück:

Pfannkuchen (siehe Grundrezept S. 186)
Vanillepudding (siehe Grundrezept S.187)
1 Banane
1/2 Zitrone
Schokoladensauce
Krokant

Zubereitung:

Auf dem Pfannkuchen eine dünne Schicht Vanillepudding (Zubereitung nach Packungsanleitung oder siehe Grundrezept S. 187) streichen, mit Krokant bestreuen.

Bananen in schmale Streifen schneiden und längs in Abständen auf dem Pfannkuchen verteilen.

Bananen mit Zitronensaft beträufeln, damit sie nicht braun werden.

Maachich

ıd Bananen an Schokoladensauce.

Zu einer Schnecke aufrollen und in gleich große Stücke teilen.

Dekorativ mit Schokoladensauce anrichten.

Worbele-Pistazie'

Mlaachich

Worbele-Pistazie

Pfannkuchen-Maki mit Vanillecrem

Zutaten für 6 Stück:

2 Pfannkuchen (siehe Grundrezept S. 186)
Blaubeeren
Amarettinis
Vanillepudding (siehe Grundrezept S. 187)
Mohn
Pistazien

Zubereitung:

Auf einen Pfannkuchen eine dünne Schicht Vanille-pudding (Zubereitung nach Packungsanleitung oder siehe Grundrezept S. 187) streichen, mit Mohn be-streuen, im Wechsel Reihen von Blaubeeren und gebrö-selten Amarettinis legen und zu einer Schnecke auf-rollen.

Die Rolle in gleich große Stücke teilen und auf ge-hackten Pistazien anrich-ten.

Maachich

narettini und Blaubeeren auf Pistazienbett.

WÄRME MAACHICH

Diese Sushi sollten warm serviert werden!

Brodwoosch-Kappes

Maachich

Brodwoosch-Kappes

Eine Maki-Rolle aus Kohlblättern, gefüllt m

Zutaten für 12 Stück:

1 Spitzkohl (oder Wirsing)
6–8 mittelgroße Kartoffeln (mehlig kochend)
1 Tasse Milch
2 frische Bratwürste
1 Zwiebel
1/2 Brühwürfel
Knoblauch
etwas Fett zum Braten
1 Glas Kölsch
Salz, Pfeffer, Muskat
1 TL Kölner Senf
Paprikapulver (scharf)

Zubereitung:

6 äußere Blätter Kohl in Salzwasser blanchieren (bis die Blätter weich genug sind, um sie rollen zu können). Die Kartoffeln schälen, ca. 20 Min. gar kochen und mit einem Kartoffelstampfer – unter Zugabe von Milch, Salz, Muskat und Butter – ein Kartoffelpüree herstellen.

Die Bratwurst in einer Pfanne anbraten, die klein geschnittene Zwiebel und Knoblauch mit anschwitzen und mit Salz, Pfeffer, Brühe, Senf und Paprika würzen. Wenn das Ganze beginnt dunkel zu werden, sich also Röstaromen gebildet

Maachich

artoffelpüree und Bratwurst an Bratensoße.

haben, wird alles mit dem Kölsch abgelöscht. Die Soße noch weiter köcheln und um die Hälfte reduzieren lassen. Dann die fertige Bratwurst herausnehmen und die Soße durchsieben (oder einfach mit dem Mixstab pürieren).

3 der Kohlblätter auf einer Arbeitsfläche zu einem „Rechteck“ auslegen, nun mit der Hälfte des Pürees belegen, so dass der obere Rand ca. 2 cm frei bleibt. Die Bratwurst in der Mitte platzieren, jetzt das Ganze aufrollen und fest zusammendrücken (so wie bei einer Makirolle). Nun in 6 gleich große Stücke schneiden und dekorativ mit der Bratensoße servieren.

Mit den restlichen Zutaten genauso verfahren.

Die Rollen können fertig geschnitten vorbereitet werden und kurz vor dem Servieren in der Mikrowelle erwärmt werden.

Himmel un Ää

Maachich

Himmel un Ääd

Apfelkartoffelpüree gefüllt mit gebratener Blutwurs

Zutaten für 12 Stück:

200 g Blutwurst
Kartoffelpüree (siehe Grundrezept S. 184)
2 große Reispapierblätter (aus dem Asiashop)
1 saurer Apfel
Mehl
Butter zum Braten
1 Zwiebel

Zubereitung:

Bei der Püree-Herstellung (siehe Grundrezept S. 184) einfach den geschälten Apfel mitkochen.

Die Blutwurst mehlen und mit Butter in der Pfanne braten. Die Zwiebel in halbe Ringe schneiden und ebenfalls in Butter goldbraun ausbacken.

Je ein Reisblatt ergibt eine Rolle. Das Reisblatt kurz wässern, dann auf einer

Maachich

n Reispapier-Mantel.

glatten Arbeitsfläche auslegen, nun das Püree darauf verteilen (je die Hälfte für ein Blatt). Darauf achten, dass die Ränder des Blattes frei bleiben. Dic Blutwurst mittig verteilen und zu einer Rolle verarbeiten. In 6 gleich große Stücke schneiden und mit den Zwiebeln dekorativ anrichten.

Rievkoche Maachich

Rievkoche Maachich

Gerollte Reibekuchen mit eine

Zutaten für 12 Stück:

6 mittelgroße Kartoffeln (vorwiegend festkochend)
1 Gemüsezwiebel
ca. 200 g Blutwurst
Mehl
1 Ei
Salz, Pfeffer und Muskat
Öl zum Braten
Frühlingszwiebeln

Zubereitung:

Die Kartoffeln und die Hälfte der Zwiebel mit einer Küchenreibe fein reiben. Mit dem Ei und einem Löffel Mehl, Salz, Pfeffer, Muskat zu einem Reibekuchenteig verarbeiten.

Zwei große, aber dünne Reibekuchen in einer Pfanne ausbacken.

Die Blutwurst in Scheiben schneiden, in Mehl wälzen und in einer Pfanne braten.

lutwurst-Kern.

Die andere Hälfte der Zwiebel in halbe Ringe schneiden, mehlen und in Öl ausbacken.

Die Reibekuchen auf einer Arbeitsfläche ausbreiten und die gebratene Blutwurst jeweils mittig verteilen. Nun zu einer Rolle verarbeiten. Jede Rolle in 6 gleich große Stücke schneiden (ggf. mit blanchierter Frühlingszwiebel umwickeln) und mit den Zwiebelringen dekorativ servieren.

Suurbrode Maachich

Suurbrode Maachich

Ein mit Sauerbraten gefüllte

Zutaten für 12 Stück:

Sauerbraten
(entweder vom guten Metzger in der Konserve oder selbst herstellen, siehe Grundrezept S. 188)
Apfelspalten zur Deko
Kartoffelkloßteig
(entweder fertig aus der Kühltheke oder selber machen, siehe Grundrezept S. 185)
Rosinen

Zubereitung:

Kloßteig auf einer Klarsichtfolie ausbreiten, mittig mit Fleisch belegen und zu einer Rolle verarbeiten.

Die Kloßrolle mit Klarsichtfolie einpacken und in reichlich Salzwasser ca. 20 Min. ziehen lassen.

Die fertig gegarte Rolle in 12 gleich große Stücke schneiden und dekorativ mit Sauerbratensoße, Apfelspalten und Rosinen anrichten.

artoffelkloßteig-Maki.

Suure Kappes

Maachich

Suure Kappes

Kartoffelpüree-Maki mit Sauerkraut und Kassele

Zutaten für 12 Stück:

200 g Sauerkraut
Kartoffelpüree (siehe Grundrezept S. 184)
1 Scheibe Kassler oder Eisbein
1 Lorbeerblatt
Salz und Pfeffer
Wacholderbeeren
Zucker
2 große Reispapierblätter

Zubereitung:

Das Sauerkraut mit dem Fleisch und etwas Wasser zum Kochen bringen. Würzen mit Salz, Pfeffer, Wacholderbeeren, Lorbeer und einer Prise Zucker. Ca. eine Stunde auf kleiner Flamme gar ziehen lassen.

Reisblätter wässern, dann auf einer glatten Arbeitsfläche ausbreiten und mit dem Püree belegen (Ränder frei lassen), dann eine Schicht Sauerkraut verteilen und das Fleisch mittig

Maachich

n Reisblatt ummantelt.

legen. Alles zu einer Rolle verarbeiten, jede Rolle in 6 gleich große Stücke schneiden und dekorativ mit dem restlichen Sauerkraut anrichten.

Roulade Maachich

Roulade Maachich

Großmutters Sonntagsessen m

Zutaten für eine Rinderroulade (4 Sushi):

1 Rinderroulade
1/2 Zwiebel
1/2 saure Gurke
2 Scheiben Speck
Kölner Senf

Für die Soße:

Butterschmalz zum Braten
1 Zwiebel
eine Hand voll Wurzelgemüse (Suppengrün)
Kölsch und Gemüsebrühe zum Ablöschen

Beilagen:

Rotkohl
Salzkartoffeln

Gewürze:

Salz und Pfeffer
Paprikapulver
etwas Kümmel
1 Nelke
Zucker

Zubereitung:

Roulade auf der Bambusmatte auslegen, mit Pfeffer und Salz würzen, mit Senf bestreichen, Speck darauf legen und in die Mitte Zwiebel und Gurke legen. Das Ganze mit Hilfe der Bambusmatte aufrollen. Entweder mit Zahnstochern

n miniature".

fixieren oder mit Küchengarn binden.

Die Roulade/n im Bräter in Butterschmalz scharf anbraten, Zwiebel, Gemüse und Gewürze dazu geben, sodass sich Röstaromen bilden (dunkelbraun ... nicht schwarz). Mit Brühe und Kölsch ablöschen und ca. 2-3 Stunden schmoren lassen. Die Roulade herausnehmen und in gleich große Stücke schneiden (ca. 4 Stück). Soße passieren und gegebenenfalls binden. Roulade/n mit Kartoffeln und Rotkohl anrichten.

Dazu gehört ein frisches Glas Kölsch!

NIGIRI

In der Hand geformtes Sushi in leicht ovaler/rechteckiger Form. Immer ein Händchen (Hängche) voll, von was auch immer.

OSHI

Gepresstes Sushi in spezieller Form oder in einer Sushi-Torte hergestellt, um daraus Dömcher auszustechen.

HÄNGCHER UN DÖMCHER

Anti Ries Hängche

Anti Ries Hängche

Kölsche Tatar-Happen auf Schwarzbr

Zutaten für 10 bis 12 Stück:

Vollkornbrot
Butter
500 g Tartar
2 Eigelb
1 TL Kapern
1 Zwiebel
Rosenpaprika
Pfeffer
Salz

nach Belieben
Sardellen

Zubereitung:

Tartar mit Eigelb, Hälfte der Kapern und klein geschnittenen Zwiebeln sowie den Gewürzen vermengen, Vollkornbrot in Nigiriform (oval) ausstechen, mit Butter bestreichen und das Tartar entsprechend in Nigiriform als kleine Laibchen verteilen.

Mit den restlichen Kapern und Zwiebeln dekorieren.

t allem was dazu gehört.

Halve

Hahn Hängche

Halve Hahn

Ein kölscher Klassike

Zutaten für 10 bis 12 Stück:

6 kleine Röggelchen (als Sonderbestellung beim Bäcker erhältlich)
Butter
mittelalter Gouda
Gürkchen
Frühlingszwiebeln
Kölner Senf

Zubereitung:

Röggelchen aufschneiden, Hälften jeweils bebuttern und mit Gouda und Gewürzgurke belegen. Mit blanchierter Frühlingszwiebel dekorativ umwickeln und mit einer Messerspitze Senf servieren.

Hängche

es Sushi.

Köbes und

Thunfesch Hängche

Köbes und Thunfesch

In Butter gebratener Thunfisch und Jakobsmuschel

Zutaten für 12 Stück:

fertig gegarter „Kölscher Sushireis" für 18 Nigiris (siehe Grundrezept S. 180)
3 Jakobsmuscheln
6 Scheiben Thunfisch (je ca. 8 x 4 cm)
1 Zitrone (ungespritzt)
Butter zum Braten
Pfeffer und Salz
blanchierte Frühlingszwiebeln

Zubereitung:

Den Sushireis in Hängche Form (Nigiriform) bringen.

Die Jakobsmuscheln längs halbieren und in Butter von beiden Seiten anbraten, in der Mitte sollten sie noch glasig sein. Die Thunfischscheiben nur von einer Seite mit anbraten. Mit Pfeffer, Salz und Zitrone würzen.

Hängche

uf Nigiri.

Auf die Hängcher verteilen, mit Frühlingszwiebeln dekorativ umwickeln und mit Zitronenabrieb belegen.

Staatse

Stetz Hängche

Staatse Stetz

Gegarte Garnele a

Zutaten:

fertig gegarter „Kölscher Sushireis“ für Nigiris (siehe Grundrezept S. 180)
Garnelen (entsprechend der gewünschten Anzahl)
Kaviar
1 Zitrone
Butter zum Braten
Pfeffer und Salz
blanchierte Frühlingszwiebeln
„Kölscher Würzemich“ (s. Grundrezept S. 190)
„Wasabico“ (s. Grundrezept S. 191)

Zubereitung:

Den Sushireis in Hängche Form (Nigiriform) bringen.

Die Garnelen der Länge nach auf einem Holzspieß aufspießen und kurz in Butter anbraten. Nigiriformen mit „Wasabico“ bestreichen.

Die Garnele mit dem Kaviar dekorativ auf dem Hängche anrichten.

Mit „Kölscher Würzemich“ genießen.

Hängche

igiri mit Kaviar.

Dömche

Dömche

Aus einer Reistorte geformte Dömchen, bele

Zutaten für 12 Stück:

Japanisches Omelette (siehe Grundrezept S. 186)
„Kölscher Sushireis“ (siehe Grundrezept S. 180)
Matjes
Räucherlachs
Frühlingszwiebeln
Dill
Blattgold

Zubereitung:

4 hauchdünne Omelettes in einer Teflonpfanne herstellen. Zwischen 2 Omelettes eine ca. 2 cm dicke Schicht Reis glatt streichen.

Nun Dömche mit Ausstechform (zu bestellen im Internet unter www.koelsche-sushis.de) ausstechen.

Prinze-Dömche mit Matjes oder Garnelen belegen, mit blanchierten Frühlingszwiebeln und Blattgold verzieren.

it Matjes, Räucherlachs und Jakobsmuscheln.

Rhingsalm-Dömche mit geräuchertem Lachs und Dill belegen.

Rhingsalm-Dömcher

Dömcher können beliebig belegt werden mit jeder Form von rohem wie gegartem Fisch, Roastbeef, Schinken, Hähnchen, Blutwurst und Tartar. Der Phantasie sind keine Grenzen gesetzt.

Prinze-Dömcher

Watt-fott-muss

Hängche

Watt-fott-muss

Leckereien aus Kühlschrank und Vorratskammer

Zutaten:

„Kölscher Sushireis"
(siehe Grundrezept
S. 180)
Gemüse
Obst
Käse
Wurst
Fisch
... kurzum alles was auf Reis schmeckt und kurz vor dem Verfallsdatum steht.

Zubereitung:

Nigiri formen, belegen und dekorieren mit allem, was weg muss (siehe Abbildung).

Zum Einfärben von Reis kann man z.B. rote Beete nehmen, diese aus der ganzen Frucht pürieren und durch ein Tuch pressen (sonst wird der Reis zu nass). Kräuterpesto, Safran und Tomatenmark eignen sich ebenfalls.

Hängche

urz vor dem Verfallsdatum.

Vier Zoote Risotto

Vier Zoote Risotto

Vier Sorten Risotto in Form gebracht.

Zutaten (für jede der 4 Risotto-Arten gilt):
1 Tasse Risottoreis (100 g)
4-5 EL Olivenöl
ca. 1/4 l Gemüsebrühe

Zutaten „Asiatisches Edelpilzrisotto":
eine Hand voll geschnittene Shitake u. Pfifferlinge
1 klein geschnittene Zwiebel
1 EL Olivenöl

Zutaten „Paprika-Risotto":
1/2 rote und 1/2 gelbe, in kleine Stücke geschnittene Paprika
eine Hand voll geriebener Parmesankäse

Zutaten „Tomatenpesto-Risotto":
6-7 getrocknete Tomaten
eine Hand voll geriebener Parmesankäse
eine Hand voll Pinienkerne
6-7 EL Olivenöl

Salz u. eine Prise Zucker
Alles zusammen mit dem Pürierstab mixen und dann der Grundzubereitung für Risotto folgen.

Zutaten „Rucola-Pesto-Risotto":

100 g Rucola
3 Frühlingszwiebeln
6-7 EL Olivenöl
4 EL Kürbiskerne
2 EL Sonnenblumenkerne
2 EL Cashew-Kerne
2 EL Parmesan

Die vorgenannten Zutaten mit einem Pürierstab zu

einer festen Masse verarbeiten, dann der Grundzubereitung für Risotto folgen.

Grundzubereitung für Risotto:

Öl in einem Topf erhitzen, den Reis darin glasig werden lassen und nach und nach mit Brühe auffüllen, dabei immer umrühren (ca. 20 Min.). Die jeweiligen restlichen Zutaten bzw. das Pesto nach der Hälfte der Zeit hinzufügen.

Prümmche Pralincher

Prümmche Pralincher

Mit Pflaumen gefüllte Milchreispralinen.

Zutaten:

kalter Milchreis (siehe Grundrezept S. 182)
frische Pflaumen
Zucker und Zimt
Pflaumenschnaps

Zubereitung:

Pflaumenkompott:

Pflaumen entkernen, klein schneiden und mit Zucker und Zimt (ggf. ein Schuss Pflaumenschnaps) aufkochen und wieder abkühlen lassen.

Prümmche Pralincher:

Aus dem Milchreis kleine Kugeln herstellen, eine Kuhle eindrücken und mit Pflaumenkompott füllen, wieder verschließen und anschließend in Zimt/Zucker wälzen.

Den Rest des Pflaumenkompotts pürieren und zusammen mit den Reis-Pralinen anrichten.

Alternativ mit Vanillesoße servieren.

Schoko Hängche

Schoko Hängche

Nigiri aus Milchreis, gefüllt mit Aprikosen un

Zutaten:

Milchreis (siehe Grundrezept S. 182)
Aprikosen
dunkle Schokolade oder Kuvertüre
gehackte Pistazien
Himbeeren

Zubereitung:

Milchreis zu Nigiri formen mit einem Stück Aprikose füllen.

Die Schokolade schmelzen und auf Backpapier streichen, auskühlen lassen und in grobe Blätter brechen, damit die Nigiri dekorieren und auf den gehackten Pistazien servieren.

Wer möchte kann noch mit einer Himbeere das Schoko-Hängche krönen.

eschmolzenen Schokoblättern belegt.

Jrön Tee Ies

Jrön Tee Ies

Soja-Eiscreme mit grünem Tee

Zutaten für 10 Bällchen:

300 ml grüner Tee
200 ml Sojacreme (oder Sahne)
4 Eigelb
1 Päckchen Bourbon-Vanillezucker
4 EL Zucker
50 g geröstete, gehackte Mandeln
Amarettinis

Zubereitung:

Eigelb, Zucker und Vanillezucker schaumig schlagen, den Tee und die Sojacreme kurz aufkochen und langsam im warmen Wasserbad unter die Eimasse schaumig schlagen bis zur leicht festen Konsistenz. Mandeln unterheben. Dann entweder in eine Eismaschine füllen oder für 3 bis 5 Stunden ins Gefrierfach und halbstündlich umrühren. Auf den gebröselten Amarettinis anrichten.

erösteten Mandeln auf gebröselten Amarettinis.

Stieve Ries Hängche

met Rövekruck

Stieve Ries Hängche

Milchreis-Nigiri mit Zimt/Zucker und Rübenkraut.

Zutaten:

Milchreis
Rübenkraut
Blatz (süßes Brot)
Beerenobst
Zimt/Zucker

Zubereitung:

Aus Blatz kleine Ovale formen und mit Milchreis-Nigiri belegen, anschließend mit Zimt/Zucker, Rübenkraut und Beerenobst dekorativ anrichten.

met Rövekruck

TEMAKI

Aus einem Rechteck (Noriblatt, Pfannkuchen, Omelette, ...) zur Tüte aufgerolltes Sushi

TÜTCHER

Höhner Tütche

Höhner Tütche

Ein Temaki aus japanischem Omelette r

Zutaten für 6 Stück:

3 Pfannkuchen (siehe Grundrezept S. 186)
1 Hähnchenbrust
4-5 EL Teriyakisoße (aus dem Asiashop)
Olivenöl
Mayonnaise
Frühlingszwiebeln
1 Avocado

Zubereitung:

Die Hähnchenbrust einige Stunden in Teriyakisoße einlegen, dann in Streifen schneiden und in der Pfanne mit Öl braten.

Die Pfannkuchen halbieren. Den halben Pfannkuchen mit Majonnaise bestreichen und im ersten Drittel mit gebratenen Hähnchenstreifen, Avocadostreifen und Frühlingszwiebeln belegen, dann zu einer Tütenform einrollen.

eriyaki-Hühnchen gefüllt.

Prumme

Pudding-Tütche

Prumme-Pudding

Ein Pfannkuchen-Temaki gefüllt m

Zutaten für 6 Stück:

3 Pfannkuchen (siehe Grundrezept S. 186)
1 Glas eingelegte Pflaumen oder ca.10-12 frische Pflaumen (entkernt) mit Zucker und Zimt selbst aufgekocht
Vanillepudding (siehe Grundrezept S. 187)
Zimt

Zubereitung:

Die Pfannkuchen halbieren, den halben Pfannkuchen mit Vanillepudding bestreichen, dann im ersten Drittel mit Pflaumen belegen und zu einer Tütenform einrollen.

Tütche

ngemachten Pflaumen und Vanillecreme.

Südfrooch Tütche

Südfrooch Tütche

Ein Pfannkuchen-Temaki mit Südfrüchten gefüllt.

Zutaten für 6 Stück:

3 Pfannkuchen (siehe Grundrezept S. 186)
verschiedene Südfrüchte wie z.B.:
Ananas
Litschi
Orangen oder
Mango (je nach Verfügbarkeit)
Vanillepudding (siehe Grundrezept S. 187)
ggf.: Cointreau, Himbeergeist oder Eierlikör

Zubereitung:

Die Pfannkuchen halbieren, den halben Pfannkuchen mit Vanillepudding bestreichen und im ersten Drittel mit Südfrüchten belegen, anschließend zu einer Tütenform einrollen.

Je nach Geschmack mit einem winzigen Schuss Cointreau, Himbeergeist oder Eierlikör verfeinern.

GUNKAN

Essbare Schalen bzw. Schälchen aus gebackenem Teig, Pfannkuchen oder Fruchtfleisch, gefüllt mit Reis und mehr.

BÖÖTCHER

Stieve-Ries-Böötche

Stieve-Ries-Böötche

Ein mit Milchreis gefülltes Hefeteigtörtchen.

Zutaten:

Hefeteig
(s. Grundrezept S. 183)
kleine Tartelettförmchen
Butter zum Auspinseln
Milchreis
(s. Grundrezept S. 182)
Zimt
Zucker

Zubereitung:

Hefeteig nach Grundrezept herstellen und dünn ausrollen.

Tortenformen mit Butter auspinseln und den Teig in die Tortenförmchen legen.

Bei 160 Grad ca. 10 Min. im vorgeheizten Backofen backen. Dann mit Milchreis füllen und weitere 10 Min. backen. Abschließend mit Zimt und Zucker bestreuen. Schmeckt warm und kalt.

Melone-Ries-Böötche

Melone-Ries-Böötche

Ausgestochene Melone mit Milchreis ur

Zutaten:

Melonen jeder Art
Milchreis
(s. Grundrezept S. 182)
frisches Obst
Vanille- oder Schoko-soße

Zubereitung:

Melonen entkernen und mit einer runden Ausstechform einen Zylinder ausstechen.

Mit einem kleinen Löffel den Zylinder vorsichtig aushöhlen, den Boden mit einer Milchreisschicht versehen und mit reichlich frischem Obst auffüllen.

Mit Vanille- oder Schokosoße servieren.

schem Obst gefüllt.

Kies-Ries-Plätzche

Kies-Ries-Plätzche

Gebackene Puffreis-Plätzche

Zutaten:

Reiscracker
geriebener Käse
Ziegenkäse
Honig

Zubereitung:

Die Reiscracker mit geriebenem Käse oder mit Ziegenkäse belegen, mit Honig beträufeln und im Backofen-Grill überbacken.

Die Käsesorten sind natürlich variabel!

BÖÖTCHER

it Käse und Honig.

Kölsches Dreijesteen

em Müllemer Böötche

Kölsches Dreijesteen

Pfannkuchen-Böötchen gefüllt mit Zutaten

Zutaten:

3 Pfannkuchen
(s. Grundrezept S. 186)
Milchreis
(s. Grundrezept S. 182)
„Kölscher Sushireis“
(s. Grundrezept S. 180)

Prinze-Böötche

Zutaten für Prinzen-Böötche:

1 Avocado (geschält, längs halbiert, entkernt und die Hälften noch einmal halbiert, sodass kleine Schiffchen entstehen)
„Kölscher Sushireis“
(s. Grundrezept S. 180)
Rhingsalm
(geräucherter Lachs)
Schnittlauch
„Wasabico“
(s. Grundrezept S. 191)
„Kölscher Würzemich“
(s. Grundrezept S. 190)

em Müllemer Böötche

assend zu Prinz, Bauer und Jungfrau.

Buure-Böötche

Zutaten für Buure-Böötche:

„Kölscher Sushireis"
(s. Grundrezept S. 180)
Roastbeef
Mayonnaise
geraspelter Stangen-sellerie
„Wasabico"
(s. Grundrezept S. 191)
„Kölscher Würzemich"
(s. Grundrezept S. 190)

Zutaten für Jungfrauen-Böötche:

Milchreis
(s. Grundrezept S. 182)
Karamellsoße

Kölsches Dreijesteen

Pfannkuchen-Böötchen gefüllt mit Zutate

Apfelspalten (in Butter, goldbraun gebraten und mit Zucker karamellisiert)
Himbeeren
Butter
geschlagene Sahne

Jungfrauen-Böötche

Zubereitung:

Je einen Pfannkuchen mit einem Rundholz von ca. 3-4 cm Durchmesser (ersatzweise eine dicke, geschälte Möhre verwenden) aufrollen, damit ein Hohlraum entsteht, wenn man nach dem Aufrollen das Rundholz oder die Möhre wieder entfernt.

Die so entstandene Pfannkuchenröhre in drei gleich große Stücke schneiden und die Abschnitte mit einem Zahnstocher fixieren.

em Müllemer Böötche

assend zu Prinz, Bauer und Jungfrau.

Nun die Böötche mit den jeweiligen Zutaten für Prinz, Bauer oder Jungfrau füllen. Dabei immer mit einer Schicht Reis als Boden beginnen und dann die übrigen Zutaten einfüllen. Beim Prinzen sollten 2 Avocado-Schiffchen und Schnittlauch die Narrenkappe und Prinzenfedern darstellen, ein Sahnehäubchen mit Himbeere das Krönchen der Jungfrau, und dem Kölschen Buur lege man als Dreschflegel noch ein Stück Stangensellerei bei.

Kleine Nudelnester deftig und süß!

NESTJER

Fesch-Bolonäs-Nestje

Fesch-Bolonäs-Nestje

Japanische Nudelnester m

Zutaten für 6 Stück:

100 g Thunfisch (frisch oder gefroren)
100 g Lachs (frisch oder gefroren)
1 Zwiebel
1 Knoblauchzehe
1 Chili
4-6 Cocktailtomaten
1 EL Tomatenmark
100 g japanische Nudeln „Somen“ (aus dem Asiaschop)
Raps- oder Sonnenblumenöl
Salz und Pfeffer
Zucker
frisches Basilikum

Zubereitung:

Zwiebel, Knoblauch und Chili klein hacken. Den Fisch in kleine Stücke schneiden. Das Ganze in Öl anbraten, die halbierten Cocktailtomaten dazugeben und etwas schmoren lassen. Mit einer halben Tasse Wasser (am besten mit dem stärkehaltigen Nudelwasser) ablöschen und das Tomatenmark dazugeben. Mit Pfeffer, Salz und einer Prise Zucker abschmecken.

ıunfisch-Lachs-Bolognese.

Zum Schluss das frische Basilikum, grob gezupft, unterheben.

Die Nudeln in reichlich Salzwasser ca. 2 Min. kochen, das Wasser abschütten und mit der Bolognese vermischen.

Mit Hilfe einer Gabel die Nudel-Bolognese-Mischung zu Nestern drehen und dekorativ servieren.

Krüstjens

)ulasch-Nestje

Krüstjens-Julasch

Japanische Buchweizennudel

Zutaten für 6 Stück:

150 g Rindergulasch (in sehr kleine Stücke schneiden)
1-2 Zwiebeln
eine Hand voll Wurzelgemüse (Suppengemüse)
1/2 Glas Kölsch
Gemüsebrühe
1 Knoblauchzehe
Paprikapulver
100 g japanische Nudeln

Zubereitung:

Das Fleisch sehr scharf anbraten, dann Zwiebeln, Knoblauch und Wurzelgemüse (klein geschnitten) dazugeben und weiterhin schmoren, bis alles eine schöne dunkle Farbe hat.

Mit dem Kölsch ablöschen und mit den Gewürzen nach Gusto abschmecken.

Dann ca. 1 Stunde auf kleiner Flamme weiterschmoren (wenn nötig noch

Nestje

mit Krüstchen-Gulasch.

Gemüsebrühe dazu geben).

Die Nudeln in reichlich Salzwasser ca. 1 1/2 Min. kochen. Das Wasser ab schütten und die Nudeln dann mit Gulasch vermischen. Mit Hilfe einer Gabel zu Nestern drehen und dekorativ servieren.

Pilz-Julasch-Nestje

Pilz-Julasch-Nestje

Japanische Nudeln mit Pilz-Gulasc

Zutaten für 6 Stück:

ca. 200 g Shitake und Austernpilze gemischt
1 Zwiebel
2-3 Stangen Frühlingszwiebeln
20 ml Sojacreme (oder Sahne)
Salz und Pfeffer
Butter zum Braten (oder Pflanzenfett)
100 g japanische Buchweizennudeln

Zubereitung:

Zwiebel klein schneiden und mit Fett in der Pfanne glasig braten. Die klein geschnittenen Pilze dazugeben und anschmoren. Dann die geschnittenen Frühlingszwiebeln dazugeben und mit der Sojacreme (oder Sahne) ablöschen.

Die Nudeln in reichlich Salzwasser ca. 1 1/2 Min.

Sojacreme.

kochen, abschütten und dann mit dem Pilzgulasch vermischen. Mit einer Gabel zu Nestern drehen und dekorativ servieren.

Prummenüdelcher

Nestje

Prummenüdelcher

Japanische Grüntee-Nudeln

Zutaten für 6 Stück:

ca. 12 eingelegte Pflaumen (selber machen oder aus dem Glas)
1 EL Butter
4-6 EL Karamellsoße
ca. 50-80 g Pistazien
100 g japanische Grüntee-Nudeln

Zubereitung:

Butter erhitzen und mit der Karamellsoße vermischen, die Pflaumen dazugeben.

Die Nudeln in reichlich Salzwasser ca. 1 1/2 Min. kochen, abgießen und danach mit der Butter/Karamell/Pflaumenmischung vermengen. Mit Hilfe einer Gabel zu Nestern drehen.

Mit gehackten Pistazien bestreuen und dekorativ servieren.

Nestje

aramellsauce mit
sautierten Pflaumen und Pistazien.

ASIATISCHE SUSHI

Wenn man ihn nach seinem Namen fragt, dann antwortet er: „Sag einfach Jerry!“ Sein Gesicht und seine asiatischen Kochkünste kennt man jedoch aus zahlreichen Fernsehproduktionen, Koch-Shows und sogar aus Krimis oder Spielfilmen, in denen Jerry als „Vorzeige-Asia-Koch“ mitwirkte. Eigens für uns und damit für dieses kleine Kochbuch hat er – „Sushi-Rut-Wieß“ (der rote Reis wurde mit Rote Beete-Saft eingfärbt) – die Kreationen „Dä Dom Maachich“ und „Da FC Maachich“ geschaffen.

„Dä Dom Maachich“

„Dä FC Maachich“

Jerry demonstriert die Technik der FC-Sushis Nori Maki

Zutaten:

Sushi-Reis

Sushi-Reis (rot eingefärbt mit Rote-Beete-Saft)

Nori-Blätter

Zubereitung:

Um solche Sushis zubereiten zu können, benötigt man aber ein wenig Erfahrung, Geschick, Übung und damit sicherlich einen Sushi-Kurs. Das Ausprobieren und das Nachmachen ist jedoch ausdrücklich erlaubt und erwünscht.

In unseren **Asia Food Cooking Workshops** können Sie Ihre Gaumenfreuden selbst am Wok entdecken. Jerry, unser Asia-Experte, hat auch für Sie eine Fülle von Anregungen, raffinierten und individuellen Kreationen parat. Besonders freuen sich unsere Gäste über Sushis. Hier wird gewickelt und gerollt. Bekannt ist TV-Koch Jerry für seine spannende Gratis-Warenkunde, und von weit her reisen unsere Gäste hierfür an. Natürlich werden Tipps und Kniffe ausgetauscht, und wir helfen gerne dabei, Ihre Scheu vor der fremdartigen Küche, mit den mühevoll erscheinenden Vorbereitungen und den geheimnisvollen Düften zu verlieren. Viele Menschen stellen es sich so kompliziert vor – ganz und gar nicht!

Asia 好吃 Food-Cooking

www.jerry-asia.de

GRUNDREZEPTE

Kölscher Sushireis

Zutaten:

2 Tassen (200 g) Rundkornreis (oder auch Sushireis)
5 Tassen (ca. 500 ml) Wasser

Für die Marinade :

50 ml Kölsch
50 ml guter Apfelessig
20 g Zucker
10 g Salz

Zubereitung:

Den Reis sehr gut in einem Sieb mit kaltem Wasser waschen bzw. spülen, bis das Wasser klar ist (dann klebt der Reis später besser).

500 ml Wasser zusammen mit den 200 g Reis zum Kochen bringen (2 Min. sprudeln lassen) und dann auf niedrigster Temperatur bei geschlossenem Deckel ca. 15 Minuten weiter ziehen lassen.

Die Marinade über den noch warmen Reis geben und das Ganze unterrühren und bei Zimmertemperatur etwas abkühlen lassen. Am besten lässt sich der Reis „handwarm" verarbeiten.

Das Original-Rezept von Sushireis sieht für die Marinade statt Kölsch und Apfelessig, Reiswein und Reisessig vor.

Milchreis

Zutaten:

1 l Milch

150 g Milchreis

1 TL Butter

1 ausgekratzte Vanilleschote

Zubereitung:

Alles zusammen in einem hohen Topf zum Kochen bringen und bei schwacher Hitze unter häufigem Rühren ca. 30 Min. gar ziehen lassen, bis eine feste Konsistenz erreicht ist.

Hefeteig

Zutaten:

500 g Mehl
20 g frische Hefe
(ggf. auch Trockenhefe nach Anleitung)
250 ml Milch
50 g Butter
70 g Zucker
1 Ei
1 Prise Salz

Zubereitung:

Milch, Butter, Salz erwärmen (bis alles geschmolzen ist). Die Hefe in einer Schüssel klein bröseln und mit der warmen Mich übergießen und verrühren, bis sich die Hefe aufgelöst hat. Mehl hinzugeben und zu einem festen Teig kneten. Ca. eine Stunde an einem warmen Ort gehen lassen. Wenn der Teig sich fast verdoppelt hat, nochmals durchkneten (wenn nötig noch Mehl hinzugeben). Danach entsprechend weiterverarbeiten, vor dem Backen nochmals gehen lassen.

Kartoffelpüree

Zutaten:

1 kg mehlig kochende Kartoffeln
50 g Butter
200 ml Sahne
Salz
Muskat

Zubereitung:

Kartoffeln schälen und ca. 20 Min. in reichlich Salzwasser kochen. Wasser abgießen. Sahne, Butter und Gewürze dazugeben und mit einem Kartoffelstampfer pürieren.

Kartoffelklöße

Zutaten:

1 kg mehlig kochende Kartoffeln
1-2 Eier
250 g Kartoffelmehl

Zubereitung:

Kartoffeln waschen und ungeschält ca. 20 Min. in Salzwasser kochen. Die noch warmen Kartoffeln pellen und durch eine Kartoffelpresse drücken. Eier und Kartoffelmehl dazu geben und alles zu einem festen Teig verarbeiten. Klöße in die gewünschte Form bringen und in reichlich Salzwasser ziehen lassen.

Wenn die Klöße oben schwimmen, sind sie gar.

Japanisches Omelette

Zutaten für 6 Stück:

6 Eier
2 EL Speisestärke
1 EL Zucker
1/2 TL Salz

Zubereitung:

Alles gut verquirlen und 6 Omelettes in einer beschichteten Pfanne mit wenig Fett (Butter) stocken lassen (nicht bräunen).

Pfannkuchen

Zutaten für 6 Stück:

3 Eier
150 g Mehl
125 ml Milch
125 ml Sprudelwasser
50 g Zucker
1 Prise Salz

Zubereitung:

Alles zu einem glatten Teig rühren und 6 Pfannkuchen in einer beschichteten Pfanne mit wenig Fett (Butter) goldbraun ausbacken.

Vanillepudding

Zutaten:

2 Eigelb

2 EL Zucker

Vanille (Schote oder Aroma)

1 gestrichener EL Stärke

200 ml Sahne

Zubereitung:

2 Eigelb mit 2 EL Zucker und Vanille (Schote oder Aroma) schaumig schlagen. 1 gestrichener EL Starke zugeben und mit 200 ml Sahne unter ständigem Rühren zu einem Pudding aufkochen. (Ausreichend für min. 24 Maachich).

Sauerbraten

nach Gabriellas Familienrezept

Zutaten:

1 kg Rindfleisch
1 große Gemüsezwiebel
1 Hand voll Rosinen
4-5 Printen
ca. 500 ml Rinderbrühe (oder Gemüsebrühe)
Honig
Salz
1 Apfel
Butterschmalz zum Braten

Für die Marinade:

1 Flasche Rotwein
200 ml Rotweinessig
1 große Gemüsezwiebel (klein geschnitten)
6-7 leicht zerstoßene Wacholderbeeren
4-5 Lorbeerblätter
1 Zimtstange
zerstoßene Pimentkörner
klein geschnittenes Suppengrün
1 Hand voll Rosinen
Salz
3 EL Zucker

Alles zusammen mixen.

Zubereitung:

Das Fleisch in der Marinade min. 4 Tage einlegen (zwischendurch wenden). Fleisch in Butterschmalz in einem großen Bräter sehr scharf von allen Seiten anbraten.

Die klein geschnittene Zwiebel und den Apfel dazugeben und weiter braten (bis alles schön dunkle Röstaromen hat). Mit Honig das Ganze karamellisieren, die kleingebröselten Printen hineingeben, dann mit der Hälfte der Brühe ablöschen. Nun den gleichen Anteil Marinade (mit allen Zutaten) dazugeben. Mit dem Topfdeckel dann im Backofen bei ca. 150 Grad 3-4 Stunden schmoren. Wenn nötig mit Brühe auffüllen.

Das fertige Fleisch herausnehmen und warmstellen. Die Soße passieren und falls nötig binden. Zum Schluss noch eine Hand voll Rosinen dazugeben. Fleisch und Soße werden separat serviert.

Kölscher Würzemich

Zutaten:

200 ml Sojasauce (dunkel)
100 ml Kölsch
1 EL Kölner Senf
1 EL Zucker
Getrocknete Chili-Flocken oder Chili aus der Mühle

Zubereitung:

Den Zucker und den Senf in der Soja-Sauce/Kölsch Mischung mit einem Schneebesen auflösen und anschließend mit Chili abschmecken.

Wasabico
(oder Wasabi-Colonia)

Erhältlich in der Historischen Senfmühle
Holzmarkt 79-83 | 50676 Köln
www.senfmuehle-koeln.de

Zutaten:

100 g Meerrettich (tafelfertig) aus dem Glas
1/2 TL rote Chilipaste
1 TL Kölner Cayenne-Senf
3 frische Brombeeren

„Wasabico“ sollte nach Verwendung der Zutaten eine pastellrote Farbe haben.

Zubereitung:

Meerrettich und die drei Brombeeren mit einem Pürier-Stab sehr fein pürieren und anschließend mit der roten Chilipaste und dem Kölner Cayenne Senf vorsichtig abschmecken.

Erhältlich in allen Buchhandlungen oder direkt beim E.G. Lüttgau Verlag

Kölsche Sushis

Köstliche Kleinigkeiten: Fleisch, Fisch, Gemüse und Süßes nach „Kölscher Art".

200 Seiten, Format 11,3 x 16 cm,
Hardcover,
EUR 14,80
ISBN 978-3-929721-12-6

Email: info@eg-luettgau-verlag.de
www.eg-luettgau-verlag.de
www.koelsche-sushis.de

Dankeschön ...

An dieser Stelle nun ein herzliches, japanisches „ari gató“, ein chinesisches „ssie-ssie“ oder ein kölsches „Hätzliche' Dank“ an alle diejenigen, die zum Gelingen des vorliegenden Kochbüchleins beigetragen haben.

Asia-Koch Jerry und seiner lieben Frau **Sue la Vie** für das „Asia-Coaching“, **Wolfgang Steffens** von der Historischen Senfmühle Köln für die Bereitschaft, „Wasabico“ zum besten „Sushi-Scharfmacher“ – nicht nur in Köln – zu machen, **Anke Kölling** für ihre Foto-Assistenz und allabendliche Abnahme der Produktkreationen, **Andreas Reinert**, für zahlreiche Geschmacks-Tests und Probanden-Tätigkeit, unsere Kinder, die ebenfalls wieder als Probanden „benutzt“ wurden, für ihre herzerfrischenden Kommentare (z.B. Jonas: „Das schmeckt auch dem Opa!“) sowie allen Freunden, Bekannten und Nachbarn, die sich von uns haben überreden lassen, das noch Unbekannte „geschmackspolizeilich“ zu beurteilen.

Stephanie Ebelhäuser, die längst zum Team gehört wie Kölsch zu Sushis, für ihre handwerkliche und redaktionelle Unterstützung. **Diana Billaudelle**, die einmal mehr mit ihrem künstlerischen Gespür für das Besondere, sowohl im Layout als auch in der Endgestaltung „Maachich-volle“ Arbeit geleistet hat und das richtige „Hängche“ für die Darstellung unserer Ideen hatte (der Dank gilt natürlich auch **Jens Billaudelle** und dem gesamten Team der Agentur). **Petra Lüttgau**, dafür, dass sie einmal mehr orthografisch und interpunktionsmäßig detektivisch für uns unterwegs war und **Ernst Lüttgau** für seine perfekten Fotos, Verlegertätigkeit und seine Kraft als „Wiederholungstäter“ mit uns als Autoren zu arbeiten.

Last not least gilt unser Dank **Andreas Popp** von der Porzellan-Manufaktur „Kahla“, der uns mit der Bereitstellung des passenden Geschirrs aus der Kahla-Kollektion dazu verholfen hat, dass unsere „Kölschen Sushis“ auf der richtigen „Plattform“ präsentiert werden konnten.

KAHLA
PORZELLAN FÜR DIE SINNE

Wir machen weiter ... und wir hoffen, dass alle Vorgenannten weiterhin dabei sind!

Eure Gabriella und euer Henning

Kölsche Tapas
Kleine Leckereien nach „Kölscher Art"

192 Seiten, Format 11,3 x 16 cm,
Hardcover,
EUR 14,80
ISBN: 978-3-929721-11-9

Email: info@eg-luettgau-verlag.de
www.eg-luettgau-verlag.de
www.koelsche-tapas.de

Kölsch für ze müffele

Spezialitäten und Geschichten, Amüsantes und Wissenswertes rund um die kölsche „Foderkaat", 111 Rezepte garniert mit kölschen Verzällchen, das ist „Kölsch für ze müffele".

Ein Koch-, Lese- und Entdeckungsbuch für alle, die die kölsche Küche und die kölsche Eigenart zu schätzen wissen.

240 Seiten, Format 24 x 22 cm,
Hardcover,
EUR 28,00
ISBN: 978-3-939908-35-7

Dom-Ausstechform

Dom-Ausstechform zum Ausstechen bei den „Kölschen Sushis"-Rezepten und natürlich auch zum Ausstechen von Keksen zu verwenden.

Die original Dom-Ausstechform ist im Set mit dem Buch „Kölsche Sushis" erhältlich für insges. 19,90 EUR.

www.koelsche-sushis.de

E.G. LÜTTGAU VERLAG

Auf Erschberg 51 · 53945 Blankenheim
info@eg-luettgau-verlag.de · www.eg-luettgau-verlag.de

www.koelsche-sushis.de

Autoren: Henning Krautmacher und Gabriella Christ
Herausgeber: Ernst Lüttgau
Fotos: Ernst Lüttgau
Layout: Billaudelle - Agentur für Medien, Design und Illustration
www.billaudelle.de

ISBN 978-3-929721-12-6